Usborne

First hundred words

in Spanish

Heather Amery

Illustrated by Stephen Cartwright

Spanish language consultant: Cristina Fernández
Edited by Jenny Tyler and Mairi Mackinnon
Designed by Mike Olley and Holly Lamont

 There is a little yellow duck to find in every picture.

En el cuarto de estar   In the living room

el papá
Daddy

la mamá
Mummy

el niño
boy

la niña
girl

el bebé
baby

el perro
dog

el gato
cat

3

Vestirse   Getting dressed

los zapatos
shoes

la braguita
pants

el jersey
jumper

4

la camiseta interior
vest

el pantalón
trousers

la camiseta
t-shirt

los calcetines
socks

En la cocina In the kitchen

el pan
bread

la leche
milk

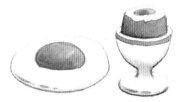

los huevos
eggs

6

la manzana
apple

la naranja
orange

el plátano
banana

Lavar los platos
Washing up

la mesa
table

la silla
chair

el plato
plate

el cuchillo
knife

el tenedor
fork

la cuchara
spoon

la taza
cup

9

La hora de jugar   Play time

el caballo
horse

la oveja
sheep

la vaca
cow

10

la gallina
hen

el cerdo
pig

el tren
train

los cubos
bricks

De visita   Going on a visit

la abuela
Granny

el abuelo
Grandpa

las zapatillas
slippers

el abrigo
coat

el vestido
dress

el gorro
hat

En el parque

In the park

el árbol
tree

la flor
flower

los columpios
swings

el balón
ball

14

el tobogán
slide

las botas
boots

el pájaro
bird

el barco
boat

Por la calle   In the street

el coche
car

la bicicleta
bicycle

el avión
plane

la camioneta
lorry

el autobús
bus

la casa
house

Celebrar una fiesta
Having a party

el globo
balloon

la tarta
cake

el reloj
clock

el helado
ice cream

el pez
fish

las galletas
biscuits

los caramelos
sweets

Nadar Swimming

el brazo
arm

la mano
hand

la pierna
leg

los pies
feet

los dedos
de los pies
toes

la cabeza
head

el trasero
bottom

En el vestuario

In the changing room

la boca
mouth

los ojos
eyes

las orejas
ears

la nariz
nose

el pelo
hair

el peine
comb

el cepillo
brush

Ir de compras

Going shopping

rojo
red

azul
blue

verde
green

amarillo
yellow

rosa
pink

blanco
white

negro
black

25

En el cuarto de baño In the bathroom

el jabón
soap

la toalla
towel

el váter
toilet

la bañera
bath

la barriguita
tummy

el pato
duck

En el dormitorio In the bedroom

la cama
bed

la lamparilla
lamp

la ventana
window

la puerta
door

el libro
book

la muñeca
doll

el osito
teddy bear

Match the words to the pictures

el balón

las botas

los calcetines

la cama

la camiseta
interior

el coche

el cuchillo

el gato

el gorro

el helado

el huevo

el jersey

la lámpara

la leche

el libro